JN023461

北アメリカ州の国
➡第**5**巻 36、38ページ

カナダ／ハイチ(P19)／パナマ

アメリカ
➡第**2**巻

南アメリカ州の国
➡第**5**巻 37、39〜40ページ

アルゼンチン／チリ
ブラジル／ペルー

オセアニア州の国
➡第**5**巻 42〜45ページ

オーストラリア／ニュージーランド
ミクロネシア／マーシャル諸島

もっと調べる

世界と日本のつながり

韓国

[監修] 井田仁康

1

岩崎書店

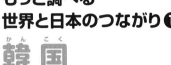

もっと調べる
世界と日本のつながり❶
韓国（かんこく）

もくじ

© Korea Tourism Organization

パート 1

韓国（かんこく）ってどんな国？

パート 2

くらしぶりは日本と似（に）ている？

© Korea Tourism Organization

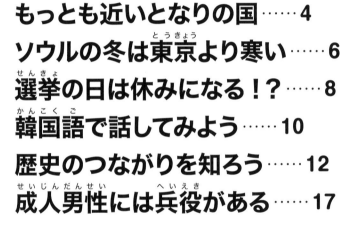

© Korea Tourism Or

パート3

子どもたちの毎日を
のぞいてみよう

パート4

人やモノの
つながりを見てみよう

※ 地図は簡略化して掲載しています。島などは一部省略しているページもあります。
　都市間を結ぶ線は経路を示すものではありません。

※ 国名、首都名は、日本外務省の表記をもとにし、一般的によく使う略称でも表記しています（例：大韓民国→韓国）。

※ 主な数値は、日本外務省ホームページ、『世界国勢図会2019/20年版』（矢野恒太記念会）、『データブック　オブ・ザ・ワールド2019』（二宮書店）などを出典としています。

※ とくに記載がないものについては、2019年12月までの情報をもとに執筆、作成しています。

もっとも近い となりの国

海をへだてて日本にいちばん近い国、それが韓国（かんこく）です。
となりの国は、どのような文化や歴史をもっているのでしょうか

正式名	**大韓民国（だいかんみんこく）（韓国（かんこく））** 韓国語（ハングル）**대한민국**（テ ハンミングク）
首都	**ソウル**
言語	**韓国語（ハングル）**
面積	**約10万㎢**
人口	**約5,116万人（2018年）**
宗教	**仏教（ぶっきょう）、キリスト教、儒教（じゅきょう）など**

男の子に
人気の名前
ソジュン

女の子に
人気の名前
チアン

国花

むくげ

韓国（かんこく）でムグンファとよばれるむくげは、寒さにも強い植物。夏から秋まで花を咲（さ）かせる。

©Korea Tourism Organization

国旗 **太極旗（テグッキ）**

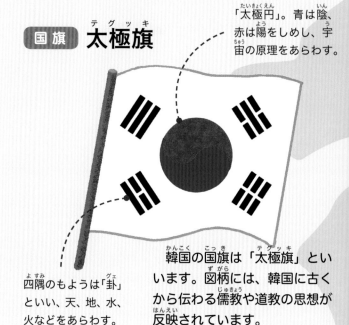

「太極円（たいきょくえん）」。青は陰（いん）、赤は陽（よう）をしめし、宇宙（ちゅう）の原理をあらわす。

四隅（よすみ）のもようは「卦（グェ）」といい、天、地、水、火などをあらわす。

韓国（かんこく）の国旗（こっき）は「太極旗（テグッキ）」といいます。図柄には、韓国に古くから伝わる儒教（じゅきょう）や道教の思想が反映（はんえい）されています。

南北に分断（ぶんだん）された国。 日本とは古くから交流がある

　韓国（かんこく）は、朝鮮（ちょうせん）半島の南部にあります。北部は、朝鮮民主主義人民共和国（ちょうせんみんしゅしゅぎじんみんきょうわこく）（北朝鮮（きたちょうせん））です。もともと朝鮮半島はひとつの民族でひとつの国でしたが、現在（げんざい）は2つに分断（ぶんだん）されています。

　日本とは室町（むろまち）時代から友好関係にありましたが、日本の侵略（しんりゃく）や植民地化（しょくみんちか）により関係は悪化。その後は1965年の日韓基本条約（にっかんきほんじょうやく）によって国交が回復（かいふく）し、2002年にはサッカーのワールドカップを共同で開催（かいさい）するなど、交流が続いています。

ロシア

中国

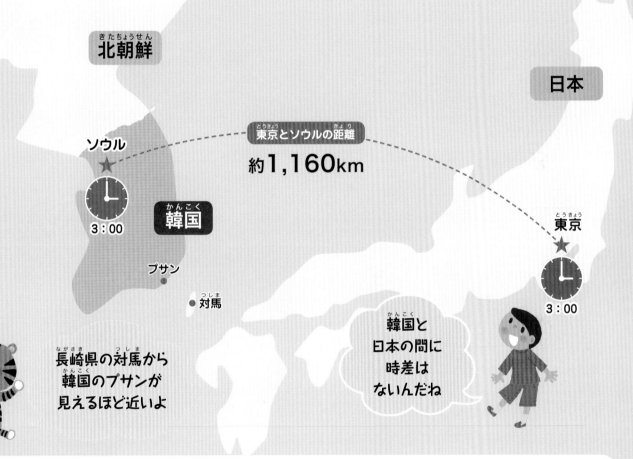

北朝鮮
（きたちょうせん）

日本

東京とソウルの距離
（とうきょう）（きょり）
約1,160km

ソウル
★
3：00

韓国
（かんこく）

プサン

対馬
（つしま）

東京
（とうきょう）
★
3：00

長崎県の対馬から
（ながさき）（つしま）
韓国のプサンが
（かんこく）
見えるほど近いよ

韓国と
（かんこく）
日本の間に
時差は
ないんだね

通貨 ウォン

1,000ウォン

5,000ウォン

10,000ウォン

50,000ウォン

10ウォン

50ウォン

100ウォン

500ウォン

1,000ウォン＝90.01円（2019年9月現在）
（げんざい）

　通貨の単位は、ウォン。1,000、5,000、10,000、50,000ウォンの紙幣と、10、50、100、500ウォン
（しへい）
の硬貨があります。
（こうか）

5

ソウルの冬は東京より寒い

韓国の首都・ソウルは、夏の暑さは東京と同じくらいですが、冬はとても寒いです。
その理由は、大陸と地続きだからです。韓国の気候や地理を見ていきましょう。

人口の約半分が首都圏に住んでいる

　韓国の国土は日本の約4分の1で、その約70%が山地です。海水浴などで人気のチェジュ（済州）島をはじめ、多くの島があります。

　日本と同様に春夏秋冬の四季があり、梅雨もあります。日本とちがうのは、北部は大陸とつながっているため、大陸性気候となり、夏と冬の寒暖差がはげしいことです。北部に位置する韓国の首都・ソウルと日本の首都・東京の気温をくらべると、夏は同じくらいですが、冬はソウルのほうが7℃前後も低くなります。

　政治や経済、教育の中心地・ソウルは、1960年代から急速に発展し、現在では人口の約5人に1人が住んでいます。ソウル周辺の開発も進み、首都圏に人口の半分が集中しています。

©MYUNGKU KIM/Shutterst

2001年に開港したインチョン（仁川）国際空港は、アジア最大級の規模。2018年には第2旅客ターミナルも開港した。

朝鮮半島の南にある韓国最大の島。温暖な気候、豊富な海産物、ビーチや観光スポットの多さから、国内外の観光客に人気。

©Korea Tourism Organization

夏 ソウルの月平均気温
7月：**24.9**℃
日本と同じくらいの暑さ。

防寒のためにマスクをすることもあるよ

冬 ソウルの月平均気温
1月：**－2.4**℃
東京より寒く、雪もよく降る。

チェジュ島
（済州島）

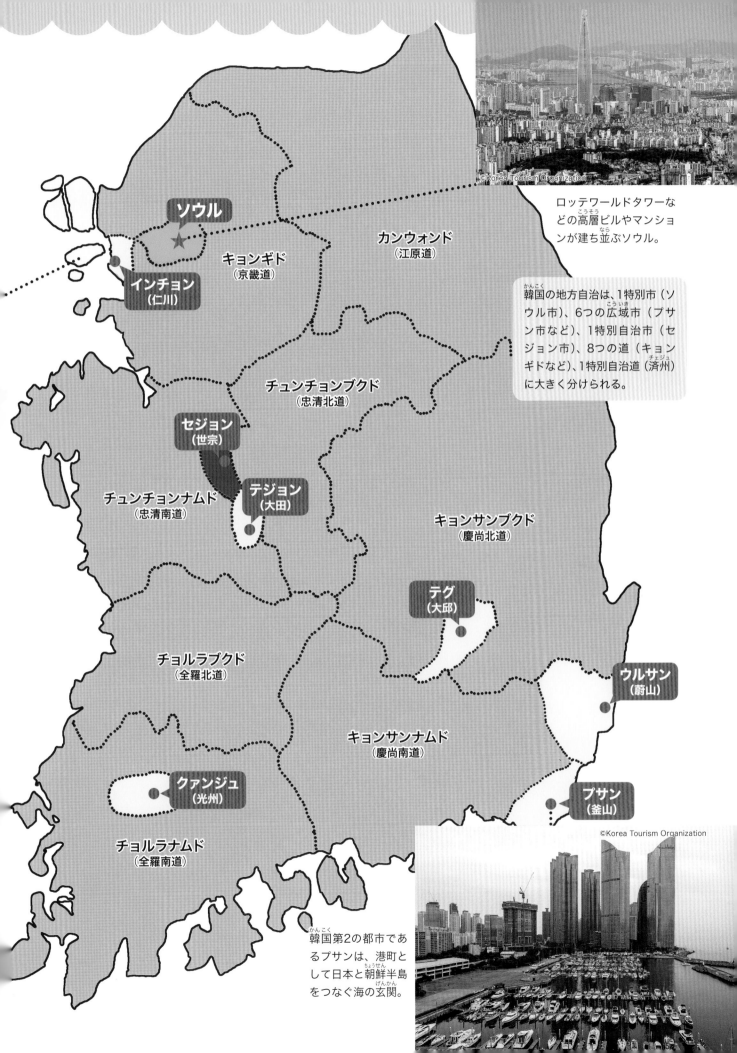

ソウル

インチョン
(仁川)

キョンギド
(京畿道)

カンウォンド
(江原道)

チュンチョンブクド
(忠清北道)

セジョン
(世宗)

テジョン
(大田)

チュンチョンナムド
(忠清南道)

キョンサンブクド
(慶尚北道)

テグ
(大邱)

ウルサン
(蔚山)

チョルラブクド
(全羅北道)

キョンサンナムド
(慶尚南道)

クァンジュ
(光州)

プサン
(釜山)

チョルラナムド
(全羅南道)

©Korea Tourism Organization

ロッテワールドタワーなどの高層ビルやマンションが建ち並ぶソウル。

韓国の地方自治は、1特別市（ソウル市）、6つの広域市（プサン市など）、1特別自治市（セジョン市）、8つの道（キョンギドなど）、1特別自治道（済州）に大きく分けられる。

©Korea Tourism Organization

韓国第2の都市であるプサンは、港町として日本と朝鮮半島をつなぐ海の玄関。

選挙の日は休みになる!?

韓国には、日本の正月にあたるソルラル（旧正月）や、盆にあたるチュソク（秋夕）を
はじめ、さまざまな行事や祝祭日があります。

1月1日
シンジョン（元日）
新暦の1月1日は元日で祝日
です。新年で休みになるのはこ
の日だけで、翌日の2日から仕
事がはじまります。

旧正月のほう
が、大々的な
お祝いなのね

旧暦4月8日
ソッカタンシニル
（釈迦誕生日）
釈迦の誕生日は祝日で、仏教徒は寺
にお参りをします。寺や通りがちょう
ちんでかざられ、パレードが行われます。

| 1月 | 2月 | 3月 | 4月 | 5月 | 6月 |

3月1日
サミルチョル
1919年3月1日、日本の
植民地支配からの独立運動
を記念した祝日。

6月6日
ヒョンチュンイル
朝鮮戦争などで国のために
戦って亡くなった兵士を追
とうする日。

旧暦1月1日
ソルラル（旧正月）
旧暦の1月1日をはさむ前後3日間をソルラルといいます。
家族や親せきの家に集まって、旧正月を盛大に祝います。

©Korea Tourism Organization

ソルラルには、トッ
クを食べる。うすく
切ったもちを入れた
スープで、雑煮に似
ている。

5月5日
オリニナル（子どもの日）
子どものすこやかな成長を願う日。
韓国の各地で、スポーツ大会や、親子で
楽しめるイベントなどが行われます。

クリスマスが
休みになると
いいよね！

12月25日
ソンタンジョル（聖誕節）

クリスマスのことで、イエス・キリストの誕生を祝う日です。韓国はキリスト教徒が多いため、この日も祝日です。

クリスマスが近づくとツリーがかざられ、まちはイルミネーションでいろどられる。

©Korea Tourism Organization

8月15日
クァンボクチョル（光復節）

8月15日、日本では終戦記念日ですが、韓国では日本の植民地支配から解放されたことを祝う日です。

7月 8月 9月 10月 11月 12月

旧暦8月15日
チュソク（秋夕）

旧暦8月15日をはさむ前後3日間はチュソク（秋夕）といいます。家族や親せきが集まり、先祖の墓参りをします。

左、下とも©Korea Tourism Organization

もちであんを包んで松の葉といっしょに蒸したソンピョン（松餅）をつくって食べる風習がある。

10月3日
ケチョンジョル
建国記念日。紀元前2333年、タングンが朝鮮を建国したとされる。

10月9日
ハングルの日
韓国語を書き表す文字であるハングルが制定されたとされる日。

これはビックリ！

大統領選挙の日には学校が休みになる？

韓国では、新しい大統領を決める大統領選挙の日も公休日です。現在の大統領の任期が満了する日の70日前以降の水曜日と決められていて、その日は学校も休みになります。

伝わる! 楽しい! 韓国語で話してみよう

韓国で使われているのは韓国語で、ハングルという文字を使います。
どんな言葉が日本語と似ているのか、探してみましょう。

出会いの会話

アンニョン ハセヨ
안녕 하세요
こんにちは

チョウム ベッケッスムニダ
처음 뵙겠습니다
はじめまして

チェ イルムン
제 이름은
イムニダ
●● 입니다
わたしの名前は●●です

帰る人に声をかけるときの言い方

アンニョン ヒ カセヨ
안녕 히 가세요
さようなら

ナ ヌン チュックルル
나는 축구를
チョア ハムニダ
좋아합니다
サッカーが好きです

自分が帰るときの言い方

アンニョン ヒ ケセヨ
안녕 히 계세요
さようなら

カムサハムニダ
감사합니다
ありがとう

日本語とくらべてみよう

日本語	韓国語(ハングル)
小学生	チョドンセン (초등생)
教室	キョシル (교실)
算数	サンス (산수)
先生	ソンセン (선생)
休み時間	シュィヌンシガン (쉬는 시간)
夏休み	ヨルムパンハク (여름 방학)
計算	ケーサン (계산)

日本語	韓国語(ハングル)
料理	ヨリ (요리)
しょうゆ	カンジャン (간장)
唐辛子	コチュ (고추)
無料	ムリョ (무료)
水	ムル (물)
おやつ	カンシク (간식)
中国	チュングヶ (중국)

日本語と
よく似た
発音の言葉も
少なくないんだね

家族のことは、どうよぶの？

祖父（そふ）
ハラボジ

祖母（そぼ）
ハルモニ

祖父（そふ）
ウェハラボジ

祖母（そぼ）
ウェハルモニ

父
アボジ

母
オモニ

結婚（けっこん）しても
名字は変わら
ないんだ

兄
《自分が男のとき》
ヒョン

《自分が女のとき》
オッパ

姉
《自分が男のとき》
ヌナ

《自分が女のとき》
オンニ

わたし
ナ

《目上（めうえ）の人に対しては》
チョ

弟
ナムドンセン

妹
ヨドンセン

韓国語（かんこくご）の試験を受けてみよう

韓国語の力を知る目安（めやす）になる2つの試験があります。韓国語能力試験は世界中で行われていて、韓国への留学（りゅうがく）や就職（しゅうしょく）を考えている人に向いています。「ハングル」能力検定試験は日本語を母国語とする人向けに行われ、高校や大学のなかにはハン検の資格（しかく）を単位（たんい）としてみとめているところもあります。

2つの試験の最上級の合格者（ごうかく）は、日本政府（せいふ）観光局の通訳（つうやく）案内士の韓国語科目試験（一次）が免除（めんじょ）されます。

韓国語能力試験（かんこくご のうりょく しけん）（TOPIK）

級：TOPIK I（1級、2級）…初級
TOPIK II（3級、4級、5級、6級）
…中・上級
試験：年3回

「ハングル」能力（のうりょく）検定試験（けんてい しけん）（「ハン検」）

級：5級、4級、3級、準2級、2級、
1級（1級が最上級）
試験：年2回

歴史のつながりを知ろう

紀元前（きかんこく）のころから、韓国のある朝鮮半島（ちょうせん）と日本は、ものや文化、技術（ぎじゅつ）などを伝え合っていました。現在（げんざい）までの両国の間の歴史を見てみましょう。

年	主なできごと
紀元前 700年ごろ	水田稲作（すいでんいなさく）がはじまる ★
紀元前 400年ごろ	鉄器（てっき）が使われる
紀元前108年	古朝鮮王朝（こちょうせん）が中国の漢王朝（かん）にほろぼされる
400年ごろ	百済（ペクチェ）、新羅（シルラ）、高句麗（コグリョ）の三国ができる。中国から仏教（ぶっきょう）が伝わる ★
676年	新羅が三国を統一（とういつ）し、統一新羅王朝となる
936年	高麗（コリョ）が朝鮮半島を治める
1231年～	モンゴルがたびたび朝鮮半島に侵攻（しんこう）する
1259年	高麗がモンゴルに降伏（こうふく）する
1274年 1281年	モンゴルの元（げん）とともに日本へ侵攻する（文永の役（ぶんえいのえき）・弘安の役（こうあんのえき））
1350年ごろ	倭寇（わこう）とよばれる海賊（かいぞく）が朝鮮半島に出没（しゅつぼつ）する
1392年	高麗がほろびて、李（イ）が権力をにぎる。翌年（よくとし）には、国号（こくごう）を朝鮮とする ★
1394年	ハンソンという、現在（げんざい）のソウルに都をおく
1446年	世宗大王（セジョンデワン）が「訓民正音（くんみんせいおん）」の名称（めいしょう）でハングルを公布（こうふ）する

渡来人（とらいじん）とともに仏教や建築技術（けんちくぎじゅつ）などが日本へ

　3世紀ごろの朝鮮半島（ちょうせん）では、百済（ペクチェ）、新羅（シルラ）、高句麗（コグリョ）の3つの国が勢力（せいりょく）を争っていました。これを三国時代（さんごく）とよび、戦いのすえ、676年に新羅が統一国家を築きました。

　三国時代は、中国から朝鮮半島に伝わった仏教（ぶっきょう）がさかんになり、多くの仏教寺院や古墳（こふん）などがつくられました。そして、仏教の教えや建築技術（けんちくぎじゅつ）などを身につけた人びとが日本へわたり（渡来人（とらいじん）という）、さまざまな文化を日本にもたらしたのです。

日本へやってきた渡来人（とらいじん）が技術（ぎじゅつ）や文化を伝えたんだ！

ヤマト王権（おうけん）に仕（つか）えた渡来人もいたんだって

大陸から西日本へ伝わった水田稲作

　紀元前700年ごろ、中国大陸から朝鮮半島へ、水田稲作が伝わりました。その後、朝鮮半島から日本へ、水田稲作が伝わったといわれています。ただし、日本の水田稲作の起源については、中国から直接伝わったという説や台湾や沖縄を経由して伝わったという説など諸説あります。

©scott mirror /Shutterstock.com

奈良県高市郡明日香村の水田風景。定住した渡来人らによって、飛鳥地域が切り開かれ、飛鳥文化が栄えたといわれる。

稲を収穫するときに、石包丁を使って穂の部分を刈り取ったと考えられている。

佐賀県唐津市にある国内最古の稲作遺跡（菜畑遺跡）で見つかった石器（石包丁）。朝鮮の南部や九州の北部でも同じ形式の石包丁が見つかっている。

（唐津市教育委員会所蔵）

日本との間でさまざまな交易が行われた

　1392年、李成桂により、朝鮮王朝が開かれます。李成桂は、仏教をしりぞけ、朝鮮王朝の国教を儒教とさだめました。朝鮮王朝と日本は使節団を送り合い、さかんに交易を行いました。朝鮮王朝から日本へもたらされたものには、お茶、工芸品、水墨画などがあります。日本から朝鮮王朝へもたらされたものには、こしょうや香料、銅、いおう、銀などがあります。

©Korea Tourism Organization

14世紀には、交易などのために多くの日本人がプサンの港に出入りした。「倭館」とよばれる日本人の居留地もあった。

年	主なできごと
1592年 1597年	豊臣秀吉の命令で、日本軍が朝鮮を侵攻する（文禄の役・慶長の役）
1607年	朝鮮と日本の交流が復活し、朝鮮通信使が日本を訪れる ★··········
1763年	日本から朝鮮へサツマイモが伝わる

通信使の来日はビッグイベント！

　16世紀末、豊臣秀吉が朝鮮半島に攻め入った「文禄・慶長の役」がおき、両国の交流はとだえました。しかし、秀吉の後に政権をとった徳川家康は、対馬藩に朝鮮との国交回復を命じます。その結果、通信使を送り合うことになりました。

　通信使には、国書をたずさえた正使のほか、学者、医者、書家などがいて、500人にのぼることもありました。日本に朝鮮からの通信使がやってくると、多くの見物人が集まり、各地で歓迎会が行われました。

朝鮮通信使が

日本へ伝えたもの

儒学、医学、書画、陶磁器、金属活字による印刷技術 など

日本から持ち帰ったもの

サツマイモの栽培方法

主な貿易の品

朝鮮 ➡ 日本

高麗人参、中国産の生糸 など

日本 ➡ 朝鮮

銅、錫、香辛料、タバコ、カボチャ、トマト、サツマイモ など

江戸時代に描かれた「江戸図屏風」の一部。江戸城に入った朝鮮通信使の一行が、陶器や虎の皮などの貢ぎ物を広げている様子が見てとれる。
（国立歴史民俗博物館所蔵）

通信使は九州から江戸城への長旅。一行が通過した長崎県対馬市、山口県下関市、広島県呉市、静岡県静岡市などでは、日韓両国の参加者によって、朝鮮通信使の行列を再現するイベントが催されている。

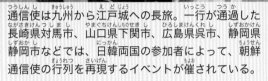

年	主なできごと
1876年	日本と朝鮮で日朝修好条規が結ばれる
1894年	農民の反乱がおこる（甲午農民戦争）
1895年	日清戦争で日本が中国の清に勝ち、朝鮮は独立国であることが確認される
1897年	朝鮮から大韓帝国に国号が改まる
1910年	日本が韓国を併合する。★……………国号を朝鮮にもどす
1919年	朝鮮独立をめざす「三・一独立運動」がおこる
1940年	名前を日本風に変えさせる「創氏改名」が行われる
1941年	太平洋戦争がはじまる
1945年	日本がポツダム宣言を受け入れ、日本の植民地統治から解放される。朝鮮半島の北をソビエト軍が、南をアメリカ軍が占領する

日本が韓国を併合。朝鮮総督府をおいた

1894年、朝鮮半島の支配をめぐって日本と中国の清が争い（日清戦争）、日本が勝利しました。1904年には、やはり朝鮮半島をねらうロシアと日本が対立し（日露戦争）、これも日本が勝ちます。そして、1910年、日本は韓国を併合し、朝鮮総督府をおきました。日本は朝鮮の人びとに対して、神社の参拝を強制したり、名前を日本風に変えさせたりしました。

こうした支配に対して、現在のソウルを中心に各地で独立抵抗運動がおき、多くの死傷者も出ました。日本による朝鮮半島の植民地支配は、第二次世界大戦で日本が敗戦した1945年まで続きました。

1925年に建てられたソウル駅（当時の京城駅）の旧駅舎。東京帝国大学教授の塚本靖らによって設計された。

年	主なできごと
1948年	南に大韓民国が、北に朝鮮民主主義人民共和国（北朝鮮）が建国される
1950年	朝鮮戦争がはじまる
1953年	休戦協定が結ばれ、南北の間に軍事境界線がひかれる ★ ⋯⋯⋯⋯⋯⋯
1965年	日韓基本条約が結ばれる
1988年	ソウルで第24回オリンピックが開催される
1991年	韓国、北朝鮮が国連に加入する
2000年	韓国の金大中大統領と、北朝鮮の指導者である金正日との南北首脳会談が行われる
2002年	FIFAワールドカップが日本と韓国で共同開催される

南北に分かれた国。未来に向けて歩き出す

　日本の敗戦により、朝鮮半島をふくむ日本の領土は、戦勝国が管理しました。そのようななかで、朝鮮半島の南にはアメリカが支援する政権ができ、北にはソ連が支援する政権ができました。1950年、2つの政権は争い、朝鮮戦争がおこります。決着はつかず、1953年、休戦協定により北緯38度線付近に軍事境界線がひかれ、南は韓国、北は北朝鮮に分断されたのです。

　1965年に日本と韓国の間の国交が回復し、両国の間に解決されていない問題はあるものの、交流が続いています。2000年には、朝鮮半島の南北統一に向けて、南北首脳会談が行われました。

写真：代表撮影／ロイター／アフロ

南北に分断後、初めての南北首脳会談。韓国の金大中大統領と北朝鮮の指導者・金正日が握手をかわした。

写真：Kim Jung Hun／アフロ

サッカーの世界大会であるFIFAワールドカップ。2002年にアジア地域で初めて、日本と韓国で共同開催された。

日本、韓国、両国ともに決勝トーナメントに進出して盛り上がったんだ

成人男性には兵役がある

韓国では、20歳以上の男性には兵役が義務づけられていて、一定期間、軍隊に入らなければなりません。最近は、兵役期間が短くなるなど、変化も見られます。

検査を受けて入隊する

兵役制度とは、国が国民を軍隊に入隊させる制度です。かつて日本にもありましたが、第二次世界大戦後に廃止されました。韓国では、現在も20歳以上の男性に兵役が義務づけられています。

兵役期間は、近年は二十数ヵ月ですが、2020年6月15日以降の入隊者は18ヵ月〜と短くなります。

多くの場合、満20〜満28歳の誕生日をむかえるまでに入隊しますが、大学などに通っている人は入隊時期を延期できます。ただし、多くの学生が大学を休学して入隊し、復学しています。就職のときに、多くの会社が兵役を終えていることを条件にしているためです。

写真：Yonhap／アフロ

主な国の兵力（およその数）

韓国 〔徴兵〕
正規軍	**63**万人
予備兵力	**310**万人

アメリカ 〔志願〕
正規軍	**129**万人
予備兵力	**80**万人

ロシア 〔志願・徴兵〕
正規軍	**90**万人
予備兵力	**200**万人

ドイツ 〔志願〕
正規軍	**18**万人
予備兵力	**3**万人

中国 〔徴兵〕
正規軍	**204**万人
予備兵力	**51**万人

イギリス 〔志願〕
正規軍	**15**万人
予備兵力	**8**万人

（資料：「平成30年版防衛白書」防衛省）

配属先や形態によって兵役期間もちがうんだって

韓国の男性は、19歳になる年に身体検査などの適性検査を受ける。その結果をもとに、配属先などが決まる。

器をもって食べる
のはよくない!?

韓国の食文化を紹介します。日本の食べ物やマナーと
似ているところ、ちがうところを探してみましょう。

日本と同じように
はしを使って食べるけれど……

韓国では、ごはん（米をたいたもの）や食事のことを「パプ」といいます。パプの基本はごはん、スープ、キムチで、これに3種類のおかずが加わった献立を「サンチョプパンサン」といいます。日本の「一汁三菜」に似ています。

韓国の食卓には、小皿がたくさん並びます。小皿には、さまざまなキムチやつくだ煮などのおかずがのっています。これらの多くは保存食。日本でいえば、つけもののようなものです。料理は、唐辛子や香味野菜（にんにくなど）を使ったものが多く、発酵食品もたくさんあります。

また、韓国の人も、日本の人と同じように、はしを使います。ただし、日本ではごはんもみそ汁もおかずもはしで食べますが、韓国ではおかずをはしで食べて、ごはんとスープは大きめのスプーンで食べます。食事の仕方やマナーは、日本とちがう部分がいくつもあります。

韓国流のおいしい食べ方

くるんで食べる

サンチュやエゴマなどの葉に、肉や野菜、ごはんなどをくるんで食べます。こうした食文化をサム（包むという意味）といいます。

混ぜて食べる

ごはんに具をのせたビビンバや、かき氷の上に小豆や果物、アイスクリームをのせたパッピンスは、しっかり混ぜて食べます。

スープにひたして食べる

ごはんをスープにひたして食べます。日本では行儀が悪いとされる食べ方ですが、韓国では、おいしい食べ方です。

食事のマナーは日本とちがう？

✗ 食器を持ち上げる のはマナー違反

韓国では、茶わんや器をおいたまま食べる。食器を持って食べたり、コップ以外の食器に口をつけて食べたりすることはマナー違反。

なべから 直接食べる

なべが食卓に出たときは、それぞれのはしやスプーンで直接食べる。

年長の人から 食べる

年が上の人から先に食べるしきたりがある。家庭では、おじいさんやお父さんが食べはじめたら、ほかの人も食べる。

はしとスプーンは たてにおく

はしとスプーンは、膳の右側にたてに並べておく。はしが右側、スプーンが左側。

はし：チョッカラ

はしは、ステンレスなどの金属でできています。おかずを食べるときに使う。

スプーン：スッカラ

スプーンもはしと同じくステンレスなどの金属製。ごはんやスープを食べるときに使う。

これはビックリ！

「あ〜ん」を するのは親愛のしるし

韓国では、葉で肉を包むサム料理を食べるときなどに、「あー」と言いながら、相手に食べさせてあげます。大人どうしでも、よく行います。これは、親愛のしるしなのです。

主食

日本と同様、ごはんが主食。白米のほか、玄米、雑穀米、野菜を入れてたいたごはんなどもよく食べられています。

ごはん

白飯や雑穀ごはん、おかゆ、たきこみごはんなど。ごはんに肉や野菜をのせたビビンバもある。

ビビンバ

(P20-21写真) ©Korea Tourism Organization

冷めん

めん

温かいスープのめん、冷たいスープのめん、スープなしのめんがある。めんの種類も豊富。

副食

食事に欠かせない汁物やなべのほか、肉や魚、野菜を使った炒め物や蒸し物、和え物など、たくさんのおかずがあります。

スープ・なべ

スープやなべ料理は種類が多く、メインのおかずになることもある。キムチを煮こんだ「キムチチゲ」は定番。

たらのスープ

スンドゥブチゲ

誕生日には"わかめスープ"でお祝いするんだって

お母さんが赤ちゃんを産んだ後、母乳が出るようにとわかめスープを飲む風習があり、そこから誕生日にも飲むようになった。

プルコギ

チャプチェ

白菜キムチ

大根の角切りキムチ

水キムチ

キムチ

野菜を塩づけにしてヤンニョム（調味料）でつけこんだもの。もともとは白いキムチで、16世紀以降に唐辛子が伝わってから赤いキムチがつくられるようになった。韓国の人は、毎食のようにキムチを食べる。

キムチづくりでコミュニケーション

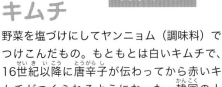
白キムチ

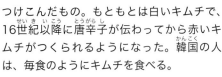

キュウリのキムチ

　韓国では、毎年12月ごろになると、近所の家どうしで協力し合ってキムチをつくる風習があります。これを「キムジャン」といいます。みんなで集まって大量のキムチをつくって分け合うことで、おたがいの状況を知ったり、思いやったりすることもできるのです。

　ただ、近年、都市部では集合住宅に住む人が増え、市販品を手軽に買えるようになったことなどから、キムジャンを行う人も減りつつあります。

気象庁が「キムジャン前線」を発表する

　韓国の気象庁では「キムジャン前線」といって、キムチをつけるのに適した時期（最低気温が0℃以下、平均気温が4度以下）を発表しています。日本で桜の見ごろを伝える「桜前線」と似ています。

これはビックリ！

小さい子どもはからみをうすめて舌を慣らす

　韓国では、小さな子どもでもキムチを食べています。キムチを水で洗い、からみを流してから食べるのです。こうして、少しずつキムチの味に慣れていくのです。

キムジャン前線

11/5
11/10
11/20
12/1
12/15
12/20

楽しい市場がいっぱい

韓国には数多くの市場があり、人びとの生活を支えています。市場をのぞけば、ふだん食べているものや着ているもの、はやっているものなどがわかります。

©Korea Tourism Organization

ナンデムン（南大門）市場

　600年もの歴史をもつ韓国最大の市場。食料品、衣類、食器、漢方薬などなんでもそろい、小さな食堂もたくさんあります。

ソウルだけでも大小さまざまな市場がある

　首都ソウルは近代都市ですが、今なお、大小さまざまな市場が営業しています。

　朝鮮時代のお城の門が残るナンデムン市場とトンデムン市場、さまざまな食材がそろうカラク市場、漢方薬が並ぶキョンドン市場、民族衣装のチマ・チョゴリや布製品をあつかうクァンジャン市場などが有名です。どの市場も、地元の客や観光客でにぎわっています。

　ソウル以外のまちにも多くの市場があり、食材などのほか、特産品も売られています。

トンデムン（東大門）市場

　ふだん着から民族衣装まで、衣類のおろし売り店や小売店が多くあります。ファッションの流行を知ることができます。

唐辛子の市場
©Lupiklv/Shutterstock.com

魚介類の市場
©Korea Tourism Organization

あれこれと
並んでいて
わくわくする～

©Korea Tourism Organization

漢方薬の市場
©Korea Tourism Organization

野菜や果物の市場

花の市場
©Korea Tourism Organization

屋台フードを味わおう

日本と似た
食べ物もあるね
おいしそう！

ホットク
黒砂糖やシナモン、ピーナッツなどを生地で包み、油をしいた鉄板で焼いてある。

トッポッキ
細長いもちをキャベツなどといっしょに、コチュジャンを使ったタレで炒めたもの。

キムパプ
韓国風のり巻き。ごま油で味つけしたごはんと具（ほうれんそうや卵など）をのりで巻く。

チヂミ
韓国風お焼き。野菜や肉、魚介類を加えた生地を焼き、タレにつけて食べる。

（屋台フードの写真4点）©Korea Tourism Organization

特別な日には韓服（ハンボク）を着る

日本では結婚式（けっこんしき）などの特別な日に、和服（わふく）（着物（きもの））を着ることがあります。
韓国（かんこく）では、いったいどのような衣服を着るのでしょうか。

男性（だんせい）の伝統衣装（でんとういしょう）
「パジ・チョゴリ」

カッ
正装（せいそう）のときにかぶる
ぼうし。馬の尾（お）の毛
と竹でできているた
め、とても軽い。

トゥルマギ
チョゴリ（上着）と
パジ（ズボン）の上
にはおるコートのよ
うなもの。

チマ
女性（じょせい）用の巻（ま）きスカー
ト。ふんわりしてい
て、動きやすい。

パジ
下には、男性（だんせい）用のす
その広いズボンをは
いている。

女性（じょせい）の伝統衣装（でんとういしょう）
「チマ・チョゴリ」

髪型（かみがた）
髪（かみ）はすっきりとまとめるこ
とが多いが、時代とともに
変化している。

チョゴリ
ジャケットのような、
たけの短い上着。

オッコルム
チョゴリのむなもと
にぬいつけられたリ
ボンのようなひも。

コッシン、ポソン
ししゅうのついたくつ下（ポ
ソン）に、絹（きぬ）でつくられたく
つ（コッシン）を合わせる。

韓服（ハンボク）では、左足は
正座（せいざ）に、右足は立
てひざにするのが
正式な座（すわ）り方とさ
れる。

ふんわりとした曲線で動きやすくて美しい

韓国（かんこく）では、あらたまった日に、「韓服（ハンボク）」とよばれる民族衣装（いしょう）を身につけます。女性用（じょせい）をチマ・チョゴリ、男性用（だんせい）をパジ・チョゴリといいます。たけの短い上着に、女性は巻きスカート、男性はズボンを合わせます。

カラフルな色が多く、スカートもズボンもゆったりしていて、美しく動きやすい衣服です。

結婚式（けっこんしき）で伝統衣装（でんとういしょう）を着る人もいる。晴れの日にふさわしい、赤や黄などのはなやかな色のものが多い。

子どものお祝いには「五方色（ごほうしょく）」で願いをこめる

1歳（さい）の誕生日（たんじょうび）など子どもにとっての祝いごとに韓服（ハンボク）を着ることもあります。そのとき、子どもは、黄、青、白、赤、黒の五色が入ったチマ・チョゴリやパジ・チョゴリを着ます。これらの五色は、陰陽五行思想（いんようごぎょうしそう）をあらわしていて、「五方色（ごほうしょく）」とよばれています。子どもの健康や成長、やくよけなどの願いがこめられています。

韓国（かんこく）の「五方色（ごほうしょく）」には意味がある

黄	青	白	赤	黒
五行（ごぎょう）では土に当てはまり、宇宙（うちゅう）の中心をあらわす。もっとも高貴（こうき）な色とされ、古くは王の衣服に使われていた。	五行（ごぎょう）では木に当てはまり、命が生まれる春の季節をしめす。オニをしりぞけ、福をよびこむ色とされている。	五行（ごぎょう）では、金に当てはまる。真実、命、純潔（じゅんけつ）などをあらわす色で、韓国人（かんこく）は古くから白い服を好んで着ている。	五行（ごぎょう）では、火に当てはまる。悪い霊（れい）をしりぞける力がもっとも強い色とされる。情熱や愛（じょうねつ　あい）情などもあらわす。	五行（ごぎょう）では、水に当てはまる。季節では、静けさが訪（おとず）れる冬。人間の知恵（ちえ）をあらわす色とされる。

引っこしには小豆もち！

韓国の人びとは、どんな家にくらしているのでしょうか。一見、日本の家と似ていますが、ちがうところもあります。引っこしのときの習慣もことなります。

日本と同じように
くつをぬいで家にあがる

韓国も日本と同様、都市部ではアパート（日本ではマンションにあたる）が増加しています。とくに首都・ソウル周辺は高層住宅が建ち並んでいます。

一方、地方では一戸建てが多いのも、日本と似ています。家の外観（外からの見た目）も、よく似た印象があります。

日本と韓国でちがうのは、間取りや防寒対策です。

たとえば、韓国の家には、伝統的なオンドルとよばれる床下暖房がそなわっています。

引っこしの習慣もことなります。日本では引っこす前に家中のそうじをしてから出ていくことが一般的ですが、韓国ではそのまま出ていきます。理由は、そうじをすると福がにげるからといわれています。

また、引っこしてきた人が近所の家にあいさつに行くとき、昔の日本ではそばを配ることがありましたが、韓国では小豆もちを配ります。

©Korea Tourism Organization

都市部の高層アパート

ソウルなどの都市部では、多くの人が「アパート」とよばれるマンションに住んでいます。

伝統的な戸建て住宅

韓国の昔ながらの建築様式。都市には、伝統的なつくりをいかしたカフェなどもあります。

©Korea Tourism Organization

家の間取りを見てみよう

玄関を入ると リビングが広がる

韓国の家にはろうかがなく、玄関を開けるとすぐリビングがあることが多い。一般的に、リビングは家の中心にある。

キムチ専用の 冷蔵庫！

毎食のようにキムチを食べる韓国（P21参照）では、キムチの保存に最適な環境を保つ専用冷蔵庫が人気。

くつをぬいで 床に座る

韓国も日本と同じく、家にあがるときはくつをぬぎ、床に直に座る習慣がある。

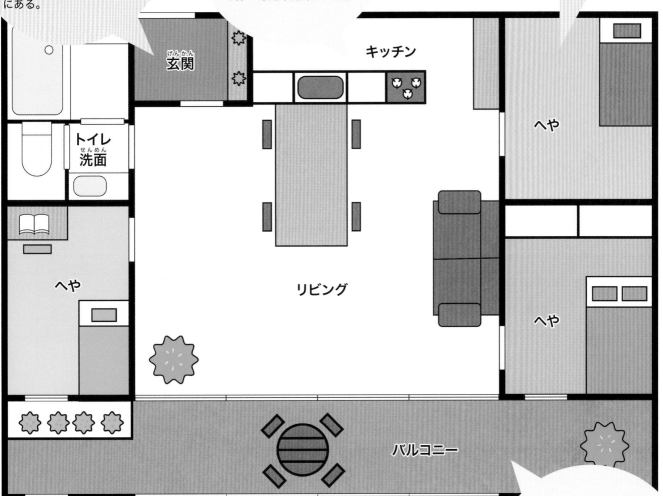

- 玄関
- キッチン
- へや
- トイレ 洗面
- へや
- リビング
- へや
- バルコニー

バルコニーには 窓がついている

寒さをふせぐために、バルコニーの外側にも窓がある。冬、外に洗たく物をほすとこおりつくため、室内でほすのが一般的。

家全体が オンドルで温かい

あったかーい

昔は台所のかまどで温められた空気を、床下に送り、床から家全体を温めていた。現在は、ボイラーで温めた熱湯を床下のパイプに流している。

どんな宗教があるの？

2015年の統計によると、韓国の人びとの44％がなんらかの宗教をもっています。
韓国では、とくに仏教、儒教、キリスト教が広く信仰されています。

人びとのくらしに
とけこんでいる

儒教

儒教は、朝鮮王朝の時代に国教として保護されていました（現在、国教はない）。

現在でも、韓国の人びとは、年長者をうやまう、先祖を大事にする、年上の人に礼をつくす、などの儒教の教えを守っています。旧暦のソルラルなどの行事は、儒教のしきたりで行われています。

©Korea Tourism Organization

韓国を代表する儒学者の李滉が弟子たちを教えた陶山書堂。李滉をたたえて陶山書院も建てられた。

1,000ウォン、5,000ウォンの紙幣には、儒学者の李滉と李珥がそれぞれえがかれている。

©Korea Tourism Organization

伝統的な葬式や
祖先をまつる儀式は
儒教のしきたりで
行われるんだ

朝鮮時代の歴代の王をまつる「宗廟」では、年に一度、儒教のしきたりにのっとった祭礼儀式が行われる。

仏 教

仏教は、4世紀後半に中国から朝鮮半島に伝わりました。しかし、朝鮮王朝時代に仏教はしりぞけられたため、寺院の多くは山の中にうつりました。現在も、寺院では僧が修行し、仏を心のよりどころとする人びとが祈りをささげています。

©Korea Tourism Organization

©Korea Tourism Organization

慶尚北道にある「仏国寺（プルグッサ）」。仏教遺跡の石窟庵とともに、ユネスコの世界遺産に登録された。

ソウルの繁華街にある「明洞聖堂」。韓国で最初につくられたカトリック教会堂。

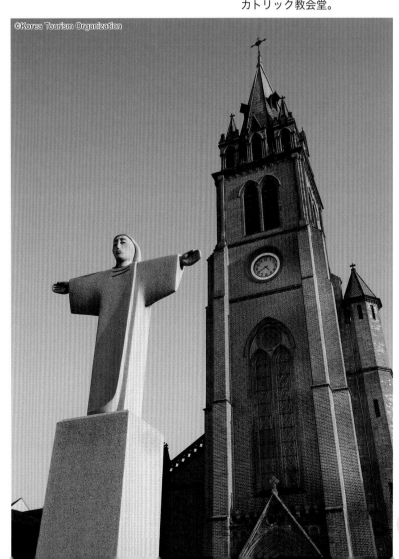
©Korea Tourism Organization

キリスト教

キリスト教が伝わったのは、カトリックが1593年、プロテスタントが19世紀末です。近年、韓国におけるキリスト教徒は増えていて、ソウルを中心に教会も増加しました。
　なかでもヨイド純福音教会は、数十万人もの教徒をかかえる大規模な教会です。

将来のために たくさん学ぶ

韓国は学歴を重視する社会のため、子どもたちはよく勉強しています。ここでは、韓国の教育について紹介します。

1年間の主なイベント例（初等学校）

3月	入学式	新学期は3月にはじまる。韓国の春をつげるケナリ（れんぎょう）の黄色い花が咲く季節。
4月		
5月	運動会	遠足や運動会、学芸会、修学旅行などの開催は、学校によってそれぞれちがう。
6月		
7月	夏休み	
8月		夏休みは7月の中ごろから8月末までのことが多い。
9月		
10月		
11月		
12月	学芸会	
1月	冬休み	旧正月休みをふくめ、冬休みは12月末〜2月と長いことが多い（合間に2週間ほど通学する場合も）。
2月		

1学期

2学期

多くの子どもが大学まで進む "学歴社会"

　韓国の人びとは教育熱心です。韓国の大学進学率は日本よりも高く、世界でもトップレベルです。また、名門大学をめざす子どもと親が多いため、受験競争がとてもはげしいといえます。

　高校までは、一部をのぞいて、住んでいる地域によって学校をふり分ける制度で入試はありません。そのかわり、じゅくに行ったり、家庭教師をつけたりと、夜おそくまで勉強しています。"大学入試に人生がかかっている"ともいわれるほどで、入試の日は、ちこくしそうな子どもをパトカーが試験会場まで連れていくなど、おおさわぎになることもあります。また、海外留学もさかんです。

じゅくや習いごとにお金がかかる

　じゅくや習いごとにかかる私教育費は、年々、増加。2018年では1人当たり月平均約29万ウォンですが、都市部では倍近くかかることもめずらしくありません。

● 学生1人あたりの月平均私教育費

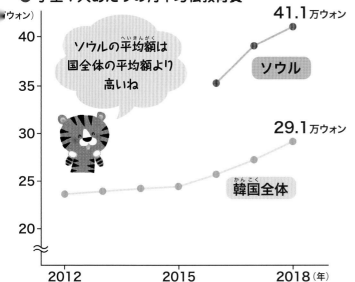

ソウルの平均額は国全体の平均額より高いね

41.1万ウォン　ソウル

29.1万ウォン　韓国全体

（ウォン）
40
35
30
25
20

2012　2015　2018（年）

（資料：「2018年小中私教育費の調査結果」韓国統計庁）

日本と同じ6・3・3・4年制

　公立、私立、国立の学校があり、初等学校（小学校）6年、中学校3年が義務教育です。高校、大学なども日本と同じ。初等学校の入学は満6歳で1〜12月生まれが同学年ですが、満5歳で入学する制度もあります。

満3歳〜初等学校就学
幼稚園や
子どもの家（保育園）

満6歳〜11歳
初等学校（小学校）
6年間

満12歳〜14歳
中学校
3年間

義務教育

満15歳〜17歳
高等学校
3年間

満18歳〜
大学　4年間
短期大学　2年間

小学生の1日を見てみよう

韓国（かんこく）の小学生は、どのような生活を送っているのでしょうか。
学校のある日のスケジュールを紹介（しょうかい）します。みなさんの毎日とくらべてみましょう。

朝食を食べたら学校へ向かいます

家で朝食を食べ、着がえをすませたら、歩いて学校へ向かいます。初等学校（しょとうがっこう）の多くは制服（せいふく）がありませんが、なかには制服のある学校も。日本のようなランドセルはなく、リュックを使います。

9時になると授業（じゅぎょう）がはじまります

読書などの朝活動の後、9時ごろに授業（じゅぎょう）がはじまります。国語、社会・道徳（どうとく）、数学、科学・実科（じっか）、体育、芸術（げいじゅつ）（音楽／美術（びじゅつ））、英語の7教科がありますが、1・2年生は国語、数学、ただしい生活、かしこい生活、たのしい生活の5教科です。授業時間などは、韓国（かんこく）も日本もほとんど同じです。

筆記用具やノート、上（うわ）履（ば）きなどを持っていく。

> 保護者（ほごしゃ）が送りむかえをしたり、送迎（そうげい）バスを利用したりすることもあるんだって

> 数学は算数、科学は理科のことなんだ

時間割（じかんわり）（初等学校（しょとうがっこう）4年生の一例）

	月	火	水	木	金
1時間目	国語	科学	数学	音楽	国語
2時間目	国語	科学	体育	数学	英語
3時間目	数学	音楽	道徳（どうとく）	国語	創意（そうい）
4時間目	体育	社会	国語	社会	美術（びじゅつ）
5時間目	英語	創意（そうい）		体育	美術
6時間目		創意			

初等学校（しょとうがっこう）では、1つの授業（じゅぎょう）は40分ほど。7教科以外に、さまざまな学びや活動を行う「創意的体験活動（そういてき）」という時間もある。

※2009年改訂版課程を参照。創意（そうい）は、「創意的体験活動（そういてき）」のことで、日本の「総合的（そうごうてき）な学習の時間」のような教科外の活動。

デジタル教科書やタブレットも使います

初等（小）学校や中学校では、科目によって、デジタル教科書や電子黒板などが取り入れられるようになってきています。

子どもたちにタブレット端末が配布されるなど、教育の情報化が積極的に進められる一方で、どうしたら学習効果を高められるのか、試行錯誤が続けられています。

写真：YONHAP NEWS/アフロ

えー！休み時間に牛乳が配られるの!?

日本では給食のときに牛乳を飲むが、韓国では午前中の休み時間に飲むことが多い。午前中に牛乳を出すことで、朝食を食べてこない子どもの空腹を満たすのがねらいのひとつ。

これはビックリ！

先生のことは「先生さま」とよぶ

韓国では、先生はとても尊敬されていて、「先生さま（ソンセンニム）」とよばれます。5月15日は「先生の日」で、担任の先生やかつての恩師に感謝を伝えます。

COLUMN

誕生日に年齢が変わらない？

日本では、生まれた赤ちゃんは0歳で、1年後に誕生日をむかえると1歳になります。これを「満年齢」といいます。

韓国では、満年齢のほかに「数え年」を使います。数え年では、妊娠中の赤ちゃんが0歳、生まれたら1歳、初めての正月（新暦1月1日）が来たら2歳と数えます。誕生日ではなく、元日にみんながいっせいに年をかさねます。

日本と韓国の人では、"同じ年だと思ったのに1〜2歳ちがった"ということもあるのです。

食堂などで 給食を食べます

　月〜金曜日まで、お昼になると、給食を食べます。食堂でとる学校もあれば、教室でとる学校もあります。主食、主菜、副菜、汁物、キムチが出ることが一般的です。

　主食はごはんが中心で、パンは年に数回程度です。ほとんどの日が韓国料理ですが、たまにパスタなども出ます。

トレーに器をのせるのではなく、トレーと器がひとつになったものを使う。くぼみの部分に料理を取り分ける。

● 1週間の給食献立例

月曜日	●アワ入りごはん　●牛乳と大根のスープ　●ジャガイモの炒め物 ●豆腐の煮物　●白菜キムチ　●韓国のり
火曜日	●キビ入りごはん　●雑煮　●豚肉の炒め煮　●カボチャの炒め物 ●大根のキムチ　●パイナップル
水曜日	●スパゲティ　●スープ　●ガーリックパン　●ピクルス ●フルーツヨーグルト
木曜日	●玄米ごはん　●海鮮みそ汁　●キムチとハムの炒め物 ●うずらの卵の煮付け　●黄桃
金曜日	●黒米ごはん　●ユッケジャンスープ　●魚のフライ ●白菜キムチ　●ぶどう

キムチは毎日のように出てくるね！

COLUMN

遠足の定番ランチ "キムパプ"

　遠足のお弁当は、日本ではおにぎりや幕の内弁当、サンドイッチなどが多いですが、韓国の定番は「キムパプ」です。キムパプは韓国風のり巻きで、具は家庭によってさまざま。自分の好きな具が入ったキムパプは、子どもたちにとってごちそうです。

　遠足のほか、運動会やピクニックなどのときも、キムパプを持っていきます。

放課後は習いごとに大いそがし

都市部の初等（小）学校に通う子どもの多くは、放課後に「学院」（じゅくのこと）に通っています。学校までバスがむかえにくるところもあります。休日にもじゅくに通う子どもも少なくありません。

バレエやテコンドー、ピアノ、英会話などの習いごともさかんです。

スポーツ系

バレエ

水泳

テコンドー

バスケットボール

芸術系

バイオリン

ピアノ

美術教室

勉強系

英語

科学

数学

HELLO

© mnimage/Shutterstock.com

COLUMN

昔ながらの遊びも似ている？

日本で正月にすごろくやたこあげをするように、韓国にも昔ながらの楽しい遊びがたくさんあります。

「ユンノリ」は、4本の棒を投げて、出た数だけ駒を動かすすごろくゲーム。ほかにも、「チャンギ」という韓国将棋、「クスル」というビー玉遊び、「ペンイチギ」というコマ回しなどの遊びを楽しみます。

留学生に聞いてみよう

世界の子どもたちが地理を学ぶサポートをしたい！

韓国でお世話になった先生が筑波大学出身だったこともあり、留学して地理教育を研究しています。学びたい子どもの役に立てる仕事をしたいです。

ヤン・ジャヨンさん
（筑波大学　博士後期課程2年）

出身はココ！

大韓民国 全州市
南西部にある全羅北道の中心地。豊富な食材にめぐまれ、全州ビビンバをはじめ多彩な食文化が発達。有形・無形の文化財や伝統工芸品も多く残る。

Q 日本へ来て、どんなことを感じましたか？

東京都の伊豆大島へ調査に行ったときの1枚。

A 国ではなく、人によってちがうと気づきました

留学前、日本人は「からいものをあまり食べない」「電車の中でしずか」「時間を守る」と思っていました。でも日本に来て、「からい食べ物も多い」「電車で話す人もいる」「遅刻する人もいる」と知り、国の印象ではなく、1人ひとりを知るたいせつさに気づきました。

こんなところが好き

電車やバスでどこへでも行ける
ほかの地域へ行くときに、韓国ではバスが主な交通手段のところ、日本では鉄道網が発達していて便利だと思います。バスが止まってから席を立っておりる文化も、気に入っています。

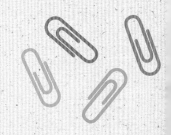

Q 韓国と日本の子どもたちの
生活はどこがちがいますか？

A 運動部に参加する学生は
多くありません

　高校野球の盛り上がりを見てもわかるように、日本の学校では運動部の活動がとてもさかんだと感じます。韓国でも学校の部活動はありますが、数学問題とき部や、コンピュータ部など、勉強に関するものが多いのです。運動する部活は、体育に関する大学をめざしている学生が多く参加しています。

韓国での楽しみは、野球観戦。野球場の雰囲気も好き。

小学生の
ころ……

身近にあるさまざまなことを教えてくれる科目だから。わたしの名前ジャヨンは、「自然」という意味。だから自然（理科）も好き。

好きだった科目

社会、自然（理科）

答えをまちがえることが多く、だんだんと自信を失ってしまったから…。

苦手だった科目

数学

Q 好きな言葉を
教えてください

A やってみねば
分からぬ

　NHKの大河ドラマや朝の連続テレビ小説、「ブラタモリ」といったテレビ番組からも、日本語を学びました。上のセリフは、大河ドラマ『おんな城主 直虎』の主人公の言葉。わたしも「やってみないと分からない」と思ったから、日本に来て先生や仲間に支えられながら、一生懸命に学んでいます。

Q 好きな
食べ物は？

A 北海道のじゃがいも

　地理研究のフィールドワークで北海道に行ったときに食べたじゃがいもは、最高においしかったです。

韓国の屋台で食べるいろいろなフライやトッポッキが大好き。

海や空をわたって都市が結びつく

日本と韓国は距離が近く、昔から交流があります。
そのため、さまざまな海路や航路が整備されています。

船

韓国と日本を結ぶ主な航路（2019年現在）

境港・トンヘ 航路

出港・到着時刻（例）

境港発　　　19：00 ▶ トンヘ着　翌日9：30
境港着　翌日9：00 ◀ トンヘ発　　　17：30

トンヘ

韓国

プサン

対馬

博多

下関

境港

大阪

日本

下関・プサン 航路

出港・到着時刻（例）

下関発　　　19：45 ▶ プサン着　翌日8：00
下関着　翌日7：45 ◀ プサン発　　　21：00

博多・プサン 航路

出港・到着時刻（例）

博多発　　　8：30 ▶ プサン着　11：35
博多着　　17：05 ◀ プサン発　14：00

大阪・プサン 航路

出港・到着時刻（例）

大阪発　　　15：30 ▶ プサン着　翌日10：00
大阪着　翌日10：00 ◀ プサン発　　　15：00

対馬—プサンなら1時間強で到着する

　日本は島国なので、通常、外国に行くときには飛行機を使いますが、韓国なら、船でも気軽に行くことができます。

　韓国の海の玄関といえば、朝鮮半島の南端にあるプサン。長崎県の対馬からプサンまでは、高速船だと1時間10分ほどでつきます。山口県の下関－プサン航路は歴史が古く、「関釜フェリー」で結ばれています。第二次世界大戦中は休止しましたが、1945年に再開しました。

船で一泊しながら行くのも
高速船でビューンと行くのも
それぞれ、楽しそう

飛行機

日本の各地とソウルを結ぶ航空路

新千歳

青森

新潟

仙台

小松　富山

米子

福岡

広島　岡山

北九州

佐賀　大分

熊本

松山　高松

宮崎

鹿児島

関西　中部

静岡

茨城

成田

羽田

那覇

各社の便を合計すると
日本と韓国の間を
1日平均、175便も
飛んでいるんだって！

（資料：「国際線就航状況（2019年
夏ダイヤ）」国土交通省）※出発＋
到着を1便と数え、国際定期便（直
行便）の旅客便のみを集計。

このほかに
ソウル以外の都市と
日本の都市を結ぶ
航空路もあるよ

COLUMN

人気の観光地はどこ？

　政治情勢によって変わりますが、韓国
への旅行、日本への旅行は総じてさかん
です。2017年には韓国人の日本訪問者
数は700万人をこえました。韓国からの
旅行客が数多く訪れている都市は、大阪、
福岡、京都、東京、大分。福岡と大分は、
韓国から近く、交通の便がよいことが理
由のひとつといえそうです。

● 都道府県別訪問率（2017年、韓国からの観光）

1位	大阪府	37.1 %
2位	福岡県	25.9 %
3位	京都府	19.6 %
4位	東京都	13.7 %
5位	大分県	12.4 %

（出典：観光庁『訪日外国人消費動向調査（平成29年
版）』、日本政府観光局（JNTO））

両国の各地を
たくさんの便がつないでいる

　日本と韓国は、東京とソウルだけでなく、さ
まざまな都市が飛行機で結ばれています。
　札幌、成田、羽田、名古屋、大阪、福岡から
ソウルへ行く便が多いほか、青森や宮城、新潟、
静岡などからソウルへ行く便もあります。
　韓国の側では、ソウルのほか、プサン、テグ、
チェジュなどの国際空港から日本の各都市へ、
飛行機が飛んでいます。両国の距離が近いため、
多くの直行便が出ています。

"韓流ブーム"で変わる日本

2000年以降、日本では韓国の映画や音楽などがたびたび流行していますが、
これを "韓流" とよんでいます。ブームのきっかけや日本での動きを見てみましょう。

年配の人から子どもまで
韓国文化が身近になった

1970年代後半に韓国の演歌『釜山港へ帰れ』が日本でも流行するなど、以前から韓国の文化は日本人に親しまれていました。

しかし、"韓流" という言葉が生まれるほど韓国の芸能や文化が日本で流行したのは、2000年以降のことです。きっかけは、2003年に放送された『冬のソナタ』というドラマ。主演のペ・ヨンジュンは日本の女性に大人気となり、「ヨンさま」ブームを巻きおこしました。ドラマのロケ地を訪れるツアーも開催されて、多くの日本人ファンが韓国を訪れたのです。それ以降、韓国のドラマや映画が日本でつぎつぎと公開されるようになりました。また、韓国の歌手やアイドルグループも日本で活動するようになり、彼らの歌や踊りは「K-POP」とよばれ、日本の若者に人気となりました。

2010年代の半ばになると、日本でのK-POPの流行も落ち着きましたが、今度は韓国料理や韓国の化粧品などが注目されるようになりました。こうして、子どもから年配の人まで、多くの人が "韓流" に親しむようになったのです。

『花より男子〜Boys Over Flowers』
販売元：エスピーオー

テレビドラマ

近年は、韓国ドラマを日本向けに、日本ドラマを韓国向けに撮りなおしたリメイク版も人気。写真のドラマ作品は、日本のマンガを原作に韓国で制作されたもの。

映画

2017年に韓国の映画祭で多くの賞をとった『タクシー運転手 約束は海を越えて』は、2018年に日本でも公開され大ヒットした。

©Korea Tourism Organization

音楽

韓国のアイドルグループが日本語の歌でデビュー。「K-POP」ブームがおこり、東方神起、KARA、少女時代、などが大人気に。これらのアーティストは、日韓だけでなく、世界でも注目された。

料理

"韓流"ブームとともに、さまざまな韓国料理が日本でも紹介されるようになった。最近では、鶏肉と野菜を炒めた「タッカルビ」にチーズを加えた「チーズタッカルビ」が流行。韓国料理の店も増えている。

©Nishihama／Shutterstock.com

美容

韓国の女性は肌が美しいといわれているためか、韓国のスキンケア用品や化粧品が注目されている。韓国の女性の間ではやっているメイク法をまねする女性も多い。

世界のあちこちでも韓国語を勉強する人が増えたんだ

● 韓国語能力試験（TOPIK）受験者数の推移（世界各地の合計）

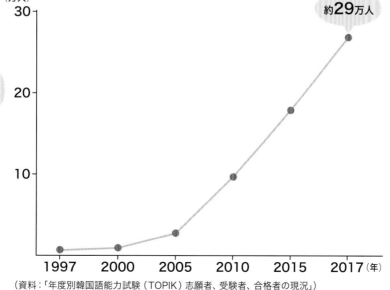

約29万人

（万人）
30
20
10

1997　2000　2005　2010　2015　2017（年）

（資料：「年度別韓国語能力試験（TOPIK）志願者、受験者、合格者の現況」）

"韓流"ブームとともに、韓国語を勉強する人が増えました。TOPIK（韓国語能力試験）の受験者数が1997年から2017年までの間で約107倍になったことからも、日本だけでなく世界中で韓国語学習者が増えているといえます。

コリアタウンで文化交流

世界各地にある、韓国・朝鮮系の人びとが集まってくらす地域をコリアタウンといいます。日本のコリアタウンを訪れて、韓国の文化にふれてみましょう。

大阪

生野コリアタウン

- 🏬 店舗数 ………… **120**店
- 🌶 キムチ専門店 … **20**店
- 🧍 年間来訪者数 … **100**万人以上
  （2019年現在）

大阪の生野コリアタウンは、日韓併合時代や第二次世界大戦終戦後に、韓国のチェジュ島などから日本に労働のためにやってきた人びとに向けて開かれた朝鮮市場がもとになっています。

韓国の食材やものが集まる商店街としてにぎわっていましたが、"韓流"ブームを受けて注目が高まり、多くの日本人観光客も訪れるようになりました。商店街を通じて、韓国と日本の交流に一役かっています。

写真3点提供：御幸通商店街（大阪生野コリアタウン）

多文化共生研修のフィールドワークがある

韓国語と日本語だけでなく、中国語やベトナム語なども飛びかう商店街。その特徴をいかして、文化のちがいや共生について学ぶフィールドワーク（現地での体験学習）も開催されています。

キムチなどの韓国食材をあつかう店や、韓服を体験できる店などが並ぶ。

東京
新大久保・大久保
コリアタウン

　ＪＲ新大久保駅の周辺（大久保と百人町）は、戦前から韓国人が多く住んでいることから、コリアタウンとよばれています。韓国のお店が並ぶ商店街は、"韓流"ブームで注目を集めました。じっさいには、韓国人だけでなく中国人やベトナム人などさまざまな国の人びとが住んでいて、もともと住んでいる日本人とともに、た

がいの文化を受け入れる努力をしながら、まちを発展させています。各国の歌や踊りをひろうするイベントを開いたり、図書館に「多文化図書コーナー」をもうけたりしています。

日本と韓国の姉妹都市クイズ

　姉妹都市とは、文化交流や親善などの目的で都市と都市が結ばれることをいいます。韓国と日本の間には、都道府県で19、市区で116、町村で27、合計162もの姉妹都市があります（2019年現在）。それぞれの都市が、どのような理由で結ばれているか、わかりますか？

韓国の都市

1～6がそれぞれどんな都市なのかヒントを読んでみよう。

1 ヨンドック郡 — 韓国一のカニの町。日本で「○○○がに」といえば？

2 ピョンチャン郡 — 2018年冬季オリンピック開催地。スキー場がある。

3 ソウル特別市 — 韓国の首都。一方、日本の首都は…？

4 チュンジュ市 — 韓国の代表的な温泉地。日本の温泉地といえば？

5 イチョン市 — 陶磁器の産地。日本の陶磁器の産地といえば？

6 チェジュ市 — みかんの栽培がさかん。日本のみかん産地といえば？

日本の都市

韓国の都市1～6と姉妹提携している日本の都市をＡ～Ｆの中から選んで□に書こう。

A 瀬戸市（愛知県）

B 東京都

C 越前町（福井県）

D 和歌山市（和歌山県）

E 若桜町（鳥取県）

F 湯河原町（神奈川県）

正解は44ページへ！

43

たいせつな貿易相手国！

貿易とは、外国からものを買ったり（輸入）、外国にものを売ったり（輸出）することです。日本と韓国の間の貿易はどうなっているのでしょうか？

日韓の貿易総額は以前より増えているね！日本にとっては輸入より輸出が多いよ

● 日韓の貿易総額（日本の貿易全体における割合）

2000年	5兆5,135億円（6.0%）
2010年	7兆9,642億円（6.2%）
2018年	9兆3,430億円（5.7%）

（資料：財務省貿易統計）

日本 ➡ 韓国

半導体製造装置 **11.3%**

半導体 **8.3%**

鉄鋼板 **4.5%**

プラスチック製品 **4.1%**

精密化学原料 **3.5%**

その他

日本の輸出額 5兆7,926億円（2018年）

（資料：財務省貿易統計、「世界貿易投資報告2019年版」JETRO）

これはビックリ！

政治と経済は分けられない!?

これまで日韓に政治問題が生じても、経済や貿易の関係はそのままでした。貿易を続ける利点が大きかったからです。

けれども近年、政治問題が経済分野に影響をおよぼしはじめています。乗りこえるための対策が検討されています。

日本から韓国への輸出内訳で上位をしめるのは、半導体に関するもの。半導体とは、情報の記録や処理ができるもので、電子機器の主要な部品です。これをつくる装置が、半導体製造装置です。

日本と韓国は経済的なつながりも深い

昔は、韓国から日本への輸出品は農産物や水産物にかぎられていましたが、1960年代以降は輸出品目が増え、現在は石油製品や鉄鋼板、半導体などが中心です。一方、日本から韓国へ多く輸出されているものは、半導体製造装置や半導体など。

同じ分野のものを輸出入している理由は、両国の主要産業が似ているからです。このように、それぞれ得意な工業製品をつくって輸出入することを「水平貿易」といいます。

日本にとって韓国は中国、アメリカにつぐ第3位の貿易相手国であり、韓国にとっても日本は第3位の貿易相手国です。

いくつかの問題をかかえているものの、多くの企業が連けいして工業製品をつくるなどしており、重要な貿易相手国としての関係を続ける努力をしています。

日本が韓国から輸入しているものの内訳は、ガソリンや軽油などの石油製品が第1位で、鉄鋼板、半導体と続きます。なお、日韓貿易では、韓国側の赤字が続いています。

韓国 → 日本

その他

石油製品 **17.1**%

鉄鋼板 **7.0**%

半導体 **4.1**%

精密化学原料 **3.9**%

合成樹脂 **3.0**%

自動車部品 **3.0**%

日本の輸入額
3兆5,505億円
（2018年）

同じ分野のものを輸出入しているのがおもしろいね

（資料：財務省貿易統計、
「世界貿易投資報告2019年版」JETRO）

©loveallyson／Shutterstock.com

サラダなどに使われる、甘くてジューシーなパプリカ。日本のスーパーで見かける多くは、韓国などからの輸入品。2000年には輸入パプリカの約20%が韓国産だったのに対し、2017年には80%近くが韓国産になるほど増えている。

全巻共通さくいん

さくいんの見方
②4 → 第2巻の4ページ。

このシリーズで紹介している主な国、地域、都市（青字は地域、都市名）

もっと知りたい人は調べてみよう！

【世界の国・地域全般について】

外務省「国・地域」
https://www.mofa.go.jp/mofaj/area/index.html

国際協力機構（JICA）キッズコーナー
「どうなってるの？世界と日本—私たちの日常から途上国とのつながりを学ぼう」など
https://www.jica.go.jp/kids/

【貿易について】

日本貿易会　JFTCきっず★サイト
https://www.jftc.or.jp/kids/
日本貿易振興機構（ジェトロ）
「国・地域別に見る」
https://www.jetro.go.jp/world/

【世界の学校、子どもたちについて】

外務省　キッズ外務省
「世界の学校を見てみよう！」
https://www.mofa.go.jp/mofaj/kids/kuni/index.html

日本ユニセフ協会
子どもと先生の広場「世界のともだち」
https://www.unicef.or.jp/kodomo/lib/lib1_bod.html

【国際交流などについて】

自治体国際化協会（クレア）「自治体間交流」
http://www.clair.or.jp/j/exchange/
日本政府観光局（JNTO）「統計・データ」
https://www.jnto.go.jp/jpn/statistics/index.html

監修

井田仁康（いだ・よしやす）

筑波大学人間系教授。1958年生まれ。社会科教育、特に地理教育の研究を行っているほか、国際地理オリンピックにもたずさわっている。

取材協力　ヤン ジャヨン
イラスト　植木美江
デザイン　八月朔日英子
校正　渡邉郁夫
編集協力　オフィス201（高野恵子）、中山恵子

写真協力・提供（写真の位置は、各ページの上から順に番号をふりました）

アフロ（P16①②、P17①、P33①）／大阪生野コリアタウン（P42①②③）／株式会社エスピーオー（P40①②）／唐津市教育委員会（P13②）／韓国観光公社Korea Tourism Organization（P4①、P6②、P7①②、P8①、P9①②③、P13③、P20①②③④⑤⑥、P21①②③④⑤、P22①②、P23②③④⑤⑥⑦⑧⑨、P26①②、P28①④、P29①②③、P41①）／国立歴史民俗博物館（P14①）／Shutterstock.com（P6①、P13①、P15⑤、P23①、P25①②、P35①、P41②、P45①）／TCエンタテインメント株式会社（P40③）／NPO法人朝鮮通信使縁地連絡協議会（P15①②④）／公益財団法人蘭島文化振興財団（P15③）

＊写真は、権利者の許諾を得て、または、収蔵元の指定する手続に則って使用していますが、心当たりのあるかたは、編集部までご連絡ください。

参考文献

『絵本 世界の食事[3]韓国のごはん』（銀城康子企画・文、いずみ なお、星桂介絵／農山漁村文化協会）
『基本地図帳 改訂版2019-2020』（二宮書店）
『きみにもできる国際交流②韓国』（北嶋静江監修、こどもくらぶ編・著／偕成社）
『国別大図解 世界の地理 第1巻 アジアの国々①（東・東南アジア）』（井田仁康監修／学研プラス）
『国際理解に役立つ韓国まるごと大百科1 韓国ってどんな国？』
（渡辺一夫文・写真、佐々木典子監修／ポプラ社）
『国際理解に役立つ韓国まるごと大百科2 韓国の衣・食・住』
（吉田忠正文・写真、金順玉監修／ポプラ社）
『国際理解に役立つ韓国まるごと大百科3 韓国の子どものくらし』
（吉田忠正文・写真、佐々木典子監修／ポプラ社）
『国際理解に役立つ韓国まるごと大百科4 ハングルと韓国の伝統文化』
（渡辺一夫＋吉田忠正文・写真、金順玉監修／ポプラ社）
『国際理解に役立つ韓国まるごと大百科5 韓国と日本、その歴史』
（渡辺一夫文・写真、金順玉監修／ポプラ社）
『新版 世界の学校 教育制度から日常の学校風景まで』（二宮皓編著／学事出版）
『世界遺産になった食文化⑦ わかちあいのキムジャン文化 韓国料理』（こどもくらぶ編／WAVE出版）
『世界国勢図会2019/20年版』（矢野恒太記念会）
『世界の市場 アジア編② 韓国』（こどもくらぶ編／アリス館）
『体験取材！世界の国ぐに12 韓国』（渡辺一夫文・写真、佐々木典子監修／ポプラ社）
『データブック オブ・ザ・ワールド2019』（二宮書店）
『ナショナル ジオグラフィック 世界の国 韓国』
（トム・ジャクソン著、レオニド・A・ペトロフ、キム・ヤンミュン監修／ほるぷ出版）
『理科年表 2020』（国立天文台編／丸善出版）
【WEBサイト】
韓国農水産食品流通公社　https://www.atcenter.or.jp/food/culture/
駐日韓国文化院　https://www.koreanculture.jp/korean_info.php

もっと調べる　世界と日本のつながり❶
韓国

NDC290

2020年3月31日　第1刷発行　　　　　48p　29cm×22cm

監　修　井田仁康
発行者　岩崎弘明
発行所　株式会社 岩崎書店　〒112-0005　東京都文京区水道1-9-2
　　　　　　　　電話　03-3813-5526（編集）　03-3812-9131（営業）
　　　　　　　　振替　00170-5-96822
印刷・製本　図書印刷株式会社

もっと調べる

世界と日本の
つながり

全 **5** 巻

［監修］井田仁康

ニイハオ

岩崎書店

キーワードで調べてみよう

このシリーズでは、下のようなさまざまな切り口から
日本と外国のつながりを紹介しています。

keyword キーワード

国

どんな国旗があるかな？
主な都市、通貨、
気候、祝祭日、言葉、
歴史なども見てみよう。

© Irfan Mulla/Shutterstock.com

keyword キーワード

宗教 しゅうきょう

サウジアラビアでは
イスラム教にのっとって
生活するんだ。それぞれの
国の宗教を調べてみよう。

© Korea Tourism Organization

keyword キーワード

貿易 ぼうえき

日本と外国は、たがいに
モノやエネルギーを売ったり
買ったりしているよ。

keyword キーワード

食・衣服・くらしの習慣 しゅうかん

食べ物や民族衣装 いしょう、
日々の生活は、日本とどんな
ちがいがあるだろう？

keyword キーワード

留学生 りゅうがくせい

外国から日本へ
留学 りゅうがく している人の話を
聞いてみよう。